# 누가 나를 놓쳤을까

권규미 시조집

가히 시인선 009

# 누가 나를 놓쳤을까

권규미 시조집

가히

## 시인의 말

억지로 비틀어 딴 오이는
입에 쓰다는데

사는 동안 얼마나 많이 억지를 부렸는지

원고를 다듬는 내내
씀바귀 향이 돌고

도둑놈의 지팡이를 캔 괭이처럼
손가락 마디에도 쓴맛이 묻어났다

도대체 어디서부터 다 어긋난 것일까

2025년 3월
권규미

차
례

## 제2부

## 제3부

## 제4부

## 제5부

# 제1부

# 비파형 농검

적소에 뼈를 묻고 시간 밖을 떠돌다가
가파른 풍문 속을 뚜벅뚜벅 걸어 나와
푸른 깃 높이 차면서
석문을 열어젖혔다

부르튼 페이지마다 촘촘히 핀 삶의 내력
막막한 현의 연대를 세세생생 증언할 때
육탈한 어둠의 무늬가
꿈보다도 가벼웠다

땅속에 묻힌 채로 만 리 족히 보았을까
뼈에 새긴 나의 나라 드맑은 신록들과
누천년 신들의 음계,
이랑마다 뜨는 별을

# 수레국화

광야의 복음으로
꽃 한 송이 피었다

낱낱의 바퀴살에 수를 놓은 꽃타래가

거대한 상선을 끄는
방향키만 같았다

수심이 밀물 되어 차오르는 저녁답
갈수록 잠언 같은 으스름을 모아쥐고

시간의 수레를 끄는
천둥인 양 솟았다

이름만을 드높이려
종종대는 새들 앞에

묵음의 꽃밥 한입 가만히 물려주며

청명한 손바닥처럼
비행접시 떠 있다

# 때죽나무 아래

때 거르면 죽는다고
때죽꽃이 피었다는

누군가의 시를 읽고, 참 시인들이란
어디든 찰떡 콩떡을 갖다 붙이기도 잘하지

나비의 날개 위에
코끼리를 붙여두는

대책 없는 아나키스트, 그 황홀한 무르팍에
희디흰 밥그릇 들고 다가앉는 울음으로

어느 봄 때죽나무 아래
앉아보고 알았네

이러니 저러니 해도 때는 잊지 말란 말이
허공을 총총히 딛고 꽃차례로 온다는 걸

# 튤립 피버

저녁이 손바닥으로 하루살이 나르듯이

무릇 세상사 모두
그 단초는 작고 작다

세계를 뒤집어놓은 몇 송이의 꽃과 같이

무지개 꿈을 좇다 박제된 풍뎅이처럼
빛은 또 다른 빛의 가시 박힌 별무늬로
붉은 혀 날름거리며 안개 속을 날았다

욕망의 줄무늬에 일생을 건 남자처럼

허공을 그러모아
그넷줄을 당기는 밤은

버블쇼 한 토막같이 꽃이 피는 몽유였다

## 하회에 들다

침 묻힌 실을 꼬아 물레를 돌리다가
열두 폭 치마를 펴고 그림자를 쌓는 저녁

물 겹겹 화선지마다
으스름은 번지는데

시간의 마디를 놓는 또 다른 마디가 된
수틀 속 해당화 같은 기억을 불러다가

묵묵한 일필휘지로
으스름을 그었다

슬픔 또한 그처럼 매듭 하나 짓는 일
물방울 하나의 생과 다를 게 전혀 없는

인간사 들여다보면
굽이굽이 하회인데

생멸이 타래 묶인 만물의 유전법칙은

녹이 슨 나침판처럼 한 방향을 가리키고

꿈 첩첩 화선지마다
초록, 다시 전선이다

# 척,

허상을 지어내고 척하기를 좋아하여
무언가 등에 업고 천지사방 헤매느라

하 많은 푸른 날들을
구차히 탕진했다

패랭이꽃 마디가 대나무를 닮았고*
소녀처럼 어여쁜 꽃이야 피우지만
한철을 이기지 못하는 이름이라 하더니

아스라한 무엇들 꿈꾸느라 잃어버린
내 어린 다정들은 어디로 가 흔적없고

겹겹이 페르소나인 나,
패랭이 꽃이었네

---

* 옛글에서 얻음.

# 모래사람처럼

흰 눈썹 울새처럼 너무 울었던 탓일까
요즈음 나는 자꾸 눈물이 모자란다
무어든 한정이 있다는 것을 그때 알았더라면

소금 푼 물방울로 마른 각막을 적시며
갈수록 무언가 늘 모자라는 생이라니
때때로 눈치가 없다고 까닭없이 핀잔을 듣고

알량한 염의마저 허공으로 흩어버린
이상한 나라의 쓸쓸한 모래사람처럼
먹어도, 먹어도 배가 고픈 아수라의 저녁이다

여기 아니면 저기 또 이거 아님 저것이
왜 자꾸만 삐걱삐걱 어긋나는 것일까
갈수록 낯선 우리는 원래 모르는 사이였을까

# 책비

구름과 바람의 페이지는 자주 접고
안개 속 몽상의 숲을 유령처럼 떠돌았다

그렇게 대책이 없는
완고한 아이였다, 나는

물과 나무의 시간, 그 어디쯤서 태어나
반은 물이고 반은 나무인 불가사의한 존재

그을린 수피를 뜯어
어디에든 붙여보지만

얕고 말랑한 심리학적 추론에 따르자면
태생적 불안심리의 한 패턴이었을 거라고

나의 나 그 적막을 넘어
늘 다른 곳을 바라보는

막막한 유폐의 나날들은, 그러므로 나는

소문에 두 발이 묶인 쓸쓸한 책비였다

제 생이 적소임을 잊은
한 마리 거미처럼

# 모르쇠

빗질한 달빛 같은 몽유를 우물거리며
너 웬 도깨비냐고 내민 손을 덥석 무네

나 원 참 어처구니야
삿대질을 하다가

그래도 분이 남아 발로 꽝꽝 걷어찼다
그런 나를 비웃듯이 희색 도로 만연하여

큰 칼을 휘둘러보렴
정말 내가 까딱하나

거짓과 시치미 떼기는 사람만의 특권인데
로봇의 수하 따위가 사람인 척하고 있네

모르쇠 당최 모르쇠로
자꾸 눈만 깜빡이며

# 활짝, 펴다

아내를 간병하던 칠십 대 남편이 문득
두 손을 꼭 잡은 채 바다로 뛰어들어
별 총총 숨 가쁜 적소를 마침내 탈출했다

책 속의 마을처럼 바래고 또 낡은 길을
가시울 맴돌듯이 아슬아슬 돌아 나와
허공의 난간을 딛고 물의 계단에 올랐다

노을빛 심장으로 여울지는 꽃의 이력
바다는, 푸르고 착한 치마폭을 활짝 펴고
삶이란 그 유배의 허명을 깨끗하게 벗겼다

# 숨 쉬어라*

산다는 건 무얼까요
질문하는 영화 한 편

머나먼 그 옛날에 야생 늑대 길들이고
문명의 큰 이름 아래 사람마저 길들였지

역사란 늘 무언가에
길들거나 길들이기

촘촘한 시간의 지층 어느 문득 깨어지고
와르르 무너진 빈터에 알몸으로 남는다면

나비나 개미들처럼
숨 쉴 수는 있을까

문명이 빼앗아간 먼 야생의 흔적들은
나무와 풀, 물에 스며 다 바람이 되었는데

이토록 너무 많이

어딘가에 붙어사는

송충이 나방이보다 나약한 목숨 한 벌
꿈결의 파닥임조차 우리 것은 아닌 삶

---

* 원제 Keep Breathing. 2022년 넷플릭스에서 방영된 미국 드라마 제목.

# 연륜

나무의 나이테
그것도 알고 보면

사람의 눈물이 돌아나간 통로에요

절망에 절망을 덧댄
바람의 노래처럼

너무 늦게 피어난
11월의 꽃을 봐요

장미라는 그 이름 깜빡 잊고 싶어지는

아직도 붉은 심장이
잘못 온 택배 같죠

## 아직도 직녀처럼

미망을 짜 늘이며 철걱대는 베틀 위를
씨실과 날실 서로 빛을 저어 가고 있다
적막은 줄을 타듯이
달이 휘는 허공인데

마음엔 그 누구도 어찌하지 못하는
허방처럼 하나씩 무저담이 있어서
누구도 제 바닥에는
닿을 수가 없다고

어쩌면 생과 사는 흩어지는 먼지 같아
영원도 때론 한 조각 잎새 같은 얼굴로
물무늬 치마폭 펴고
바람 속에 서 있다

# 우울의 삽화

첩어와 첩어뿐인 비문의 글을 써요

상심한 물이랑의 두근대는 지느러미

적막은 흰 촛농처럼 하염없이 뭉개지고

부르튼 자모음이 진눈깨비로 쏟아져요

원통 속에 빼곡한 주문으로 새어나온

안개 속 그네를 타는 거미들의 춤을 봐요

가파른 벼랑뿐인 사람과 사람 사이에

어둠이 물머리를 베어드는 저녁답

저 바람 허공을 닦는 젖은 꼬리 좀 봐요

# 제2부

# 누가 나를 놓쳤을까

슬픔을 등에 진
부판이란 새의 종족은

쓸쓸한 버드나무 낡은 둥지에 깃들어

바람비 들이치는 생을
허공에 걸어두고

저녁이면 다시 돌아와 가만히 등을 댄다
시나브로 몸이 젖는 그 습생의 버릇들로
갈수록 무거워지는 자기 생을 연민하며

그처럼 나도, 새였을까
누가 나를 놓쳤을까

캄캄한 두레박 내려 길어올린 그림자가
오래된 그림문자들 생경하고 아득하다

## 조문국을 다녀오다

북쪽의 북쪽으로
흰 말을 타고 갔다

바람 강 얼음산을
넘고 또 넘어서

찔레꽃 우거진 뜨락 왕의 잠에 닿았다

만발한 묵언뿐인
오래된 꽃의 나라

원래 가시나무의
먼 혈족이었던 나는

뚝뚝 진 그 묵언들을 치마폭에 거두었다

능원은 아득하고
때때로 반짝였으나

말과 글과 풍속이
서로 멀어진 탓에

면벽한 물방울들만 총총 세다 돌아왔다

# 수금포

아버진 낡은 삽을 수금포라 불렀다
우리는 자주 먼 항구의 꿈을 꾸며
뚜우뚜 뱃고동 소리를
주문처럼 읊었다

아스라한 물소리의 기억이 돌아오는
방파제 끝에서 등대가 깜박이고
바닷새 무리를 지어
항로를 펴는 봄밤

헛간의 한 모퉁이를 신전처럼 지키며
외롭고 신산한 아버지의 뒷배였던
마음속 그 포구와 같이
반짝이는 수금포

## 우리들의 피노키오

떠도는 풍각쟁이
봄을 잊은 나비처럼

세상사 예외 없이 슬픔엔 힘이 있어
막막한 그림자 뒤엔 어김없이 별이 뜬다

각성제와 수면제를
번갈아 복용하는

외딴 저수지 낡은 수문지기처럼 나는
오래된 빗장 하나를 몸속에 품고 산다

눈물로 깎아 만든
투명한 목각인형

낡은 시곗바늘로 길어 올린 삶이어서
시퍼런 적막이 고인 갈피마다 돋는 혀

# 마두금

무수한 별빛 조각 심장 가득 박혀 있는

눈물 많은 왕녀였던
전생을 지나왔다

봉인된 밀서를 품고 불의 나라 건너왔다

발목 푹푹 빠지는
등성이를 넘을 때는

핏속에 노을이 타는 갈기 푸른 말이었다

눈과 귀 바람을 타고
으스름에 닿을 즈음

주먹 쥔 별자리마다 사막 가시 돋아나고

슬픔이 새벽처럼

홰를 치는 나날들이

미간과 생목을 지펴 붉은 실을 걸었다

# 금관총

무망위 적막 앞에 우린 서로 말이 없고
맨얼굴 본 적 없는 해와 달이 마주 서서
만 겹겹 독백 사이에 쪽배 한 척 띄웠다

화양연화 물이랑에 흰 뼈를 묻어두고
혼잣말에 스스로 놀라는 물뱀처럼
홀연히 이마를 치며 곡옥들이 우는 새벽

겹겹 빗장을 열어 누가 펼친 한 상인지
시간의 악명 높음이 물속마다 환한 비문
폐정을 걸어서 나온 저 아득한 오름 한 채

# 암각화

고래의 젖을 빨던 이 땅의 바위들이
밤마다 금을 타는 아득한 물의 신전에
하늘과 땅의 연대기 촘촘하게 박혀 있다

명주실 붉게 당겨 팽팽해진 수평선이
한 척 쇄빙선처럼 금을 긋는 아침이면
해 뜨는 먼 나라로부터 발자국이 밀려오고

늑대와 개의 시간 물마루에 걸리고
작살들은 휘어져 초승달에 닿을 즈음
바위 속 마을이 한 척, 돛배처럼 환하다

# 나방이처럼

허공에 거꾸로 매단 구름의 방이었다
일생의 요기였던 나른한 어지럼증은

발 젖은 행간에 맺힌
물방울로 자랐다

검은 숲을 떠도는 상심한 나방이처럼
가도가도 어둠은 아버지의 편이었다

그믐을 필사하듯이
해와 달이 도는 동안

마당의 감나무에 열매처럼 달린 새들
우루루 모였다가 흩어지고 다시 모여

막막한 신산의 꿈을
붉게 닦아 걸어도

해 지면 별을 지고 별 지면 해를 지고

산비알 자갈길을 걸어오신 아버지는

푸나무 시퍼런 짐을
마당귀에 부리셨다

# 투석실을 엿보다

바람머리 휘도는 하르르한 빛의 사막

연자 끄는 나귀처럼 눈을 가린 엄마가

온몸의 피를 꺼내어 기차놀이 하고 있다

빈 벽에 이마를 댄 어린 날 술래처럼

가슴에 돌을 얹고 제 그림자 뱅뱅 돌며

불면의 바다 한 척을 깨금발로 밀고 있다

달팽이 껍데기처럼 동그랗게 야위어

돌아갈 날짜를 세는 하마 늦은 저녁답

맥없는 낮달이 홀로 물색없이 떠 있다

## 비스듬하다

순정한 유물 같은
우리들의 노파는요

새치름한 유등처럼 다른 생을 보는지

나른한 비무장지대 철책마저 두르고요

다시 못 올 기억의 불밤송이 세나 봐요
화양연화 마디마디 노을처럼 타오르고
별빛에 발을 담근 듯 점점 더 명랑해요

쐐기풀로 옷을 짜던 그림 속 누이처럼

소금토리 바장이다 무수히 저문 날들

말갛게 비운 마음들
반짝여요 비스듬히

# 수수께끼

갈수록 삶은 내게 스무고개 같았다
만지면 바스라지는 전설 속 부적처럼
암벽의 그림문자는 막막하고 깊었다

때때로 반짝이며 어딘가로 흘러갔다
바리데기처럼 나는 밭 갈고 빨래하며
부르튼 열 손톱 위에 달을 새겨 묻었다

꽃과 물 어룽지는 시간의 춤사위에
회오리가 뒤섞여 끓어오르는 사막처럼
하르르 바람 무늬만 층층이 일어났다

# 엄마를 요약하다

바다는 언제나 몇 줌의 소금이듯이
엄마를 두 개의 무덤으로 요약한다
물방울 그게 집이라는 소문
어디서 온 거니

이 무거운 날개들은 언제나 마른다니
허공이 되고픈 엄마 깨어서 하는 잠꼬대
세상은 믿을 게 못 되어
마음 부칠 벽은 없고

나는 은행잎처럼 심장이 찢긴 여자
존재하는 무엇으로도 요약되지 않는 사람
동토의 붉은 전선처럼
가파르고 막막한

# 소금호수

일생이 물방울처럼 젖기만 했던 날들
사금파리 조각의 햇살마저 금이 간
성채는 바람을 업고 등뼈마저 휘었다

허공의 소금인형 목이 잠긴 산기슭에
풋살구 열매만 한 목숨 하나 묻고 오면
피톨들 적막을 딛고 시나브로 사위었다

구름 스민 바람처럼 조금씩 몸을 풀어
불나비 반짝이듯 생을 깜빡 지운 뒤에
천지간 오체투지로 길어 올린 눈물바다

# 제3부

# 저 얼룩무늬

비단을 낳는 누에와
독을 만드는 뱀

꽃을 낳는 나무와
우유를 만드는 소

그 찬란 유구무언을 총총히 건너가며

쥐 오줌 자국 번져
눅눅한 천장처럼

한 번도 꽃 핀 적 없는
극지의 이끼처럼

가파른 삶의 무늬를 허공에 펴는 새들

## 고분古墳 앞에서

숟가락 든 햇살이 낱낱의 별을 담아

묵음의 그 찬란을 죽처럼 떠먹이자

홀연히 가사를 벗고 천지사방 뛰는 꽃

병풍 속 그림처럼 서성이는 나무들도

전생을 이마에 새긴 툰드라의 순록처럼

제 몸속 길을 따라서 어딘가로 가고 있다

빗살무늬 깎아 세운 먼 왕국의 문장에는

행간과 행간 사이가 하회河回로 여울지고

부푸는 달의 뼈들이 출렁이는 숲이 있다

# 까마귀를 읽는 밤

호손의 주홍 글자 닫힌 문이 아니었다
열어도 열어도 끝이 없는 미궁처럼
타다 만 양피지 위의 가파른 화살표들

골똘한 생각들을 어딘가로 타전하듯
세상의 중심으로 이마를 조금 숙이고
때때로 진법을 외듯 자세 고쳐 앉는다

검은 외투 속에 붉은 심장을 묻고
그믐밤 주문 같은 시간을 두른 채로
서릿발 어둠을 딛고 흰 문장의 꿈을 꾼다

# 모른단다

전능하신 신들께선
주어를 모른단다

동사만을 겨우 아는
갓난쟁이를 닮았단다

그러니
욕을 하면 다시,
내게로 돌아온다고

사과를 우물거리며
누군가 말을 했다

그렇담 신들께선
파충류일까 조류일까

상심한
두꺼비처럼
참, 우울했네 온종일

# 우울을 만져보다

생각 속 바다 속을 이리저리 휘저어

나는 무언가를 찾고 있는 중이에요

동화 속 젖은 섬나라 보였다 안 보이는

나를 여기 가둔 건 안개인지 바람인지

갇힌 날 꺼내려고 풀잎 같은 우리 엄마

조금씩 눈물을 흘려 길을 내고 있어요

시나브로 떨어지는 은발의 비꽃처럼

엄마는 조금씩 사라지는 중이어서

나는 또 나 아닌 채로 허둥대는 중이에요

# 별리

깎아둔 짐승 같은 어둠을 데려다가

새 떼처럼 유유히 허공에다 풀어놓고

눈 맑은 열대어처럼 보름사리 달이 가네

채송화 민들레도 귀를 닫는 저녁까지

술래놀이 지치면 나비 제비 쫓던 날이

천지를 탑돌이 하는 봄풀처럼 생생하고

이승엔 연등이 피어 노래도 첩첩인데

들고나는 물때마다 얼비치는 작은 생애

흰 옷깃 한번 스치고 소식 없는 내 아우야

# 적막의 등

내 나이 대여섯 무렵 쏟아지는 빗속에서
깐얼라 업고지고 밥을 빌던 그 새댁이
어느새 볼이 홀쭉한
할마시가 되어서는

어미 소를 따르는 달 갸웃한 송아지가
쟁기날이 부서놓은 논바닥을 종일 도네
그 얼라 장골이 되어
남의 땅을 가는 동안

해거름, 달달거리는 한 채의 오토바이 위에
어디서 와서 어디로 가는지 모를
적막이 적막의 등을
가만가만 밀고 있네

# 덫

몇 해나 지났을까
눈발 속의 어느 날

덫에 걸린 너구리와 느닷없이 마주치고
아무런 잘못도 없이 심장이 쿵쿵댔다

해와 달과 별들을
고요히 등에 지고

등성이와 등성이를 신처럼 오고 가던
자욱한 시간의 넋이 넝마처럼 나부꼈다

흩어진 콩을 세듯
도담도담 하다가도

기우뚱 방지턱 넘다 출렁이는 차체가
무연히 스스로 놀라 메뚜기처럼 뛸 때

추나요법 잘한다는

한의원을 찾아가서

한 뼘이나 되는 침을 여기저기 꽂아놓고
그날 그 너구리처럼 떨다가 오곤 했다

# 세한도를 찾아서

돌담을 돌아 나온 그림자를 따라갔다
제 숨을 끌어내려 발등을 덮은 이가
삿갓 쓴 옛 시인처럼 마중을 나왔다

으스름 벽면에 그림 한 폭 걸려 있는
이상한 향기가 나는 오래된 방이었다
벽에 건 도포자락이 스스로 단정했다

다관에 물이 끓고 처마에 눈꽃 이는
나지막한 풍경 하나 어른어른 비쳤다
무가의 한 대목처럼 느닷없는 곡조였다

펄펄펄 소문 속에 다디단 눈이 쌓이고
바람은 적소의 꿈을 어딘가로 데려갔다
떠돌이 객승처럼 나는,
흰 벽사辟邪의 꿈을 꿨다

# 백비

적막을 저어가는 물이랑을 보았다
꿈이거나 꿈이 아닌 어딘가를 서성이며
손대면 금세 화르르 타오를 것만 같은 고요

도대체 그 너머엔 무엇이 있는 걸까
사라진 시간들은 어디로 가 쌓이고
흩어진 살과 혼들은 또 무엇이 되었을까

물과 돌 바람의 땅 골골마다 휘저어
세상 밖 그 무엇을 찾으려고 했을까
머리 푼 옛 곡비처럼 억새 떼가 몰려오고

어둑발 차오르는 허공의 난간들이
그믐의 벽화 속 저물어간 저녁 무렵
파도는 제 몸속 흰 넋들 왈칵왈칵 쏟고 있다

# 찬란

시골 촌부로 가만히 살고 싶었다고
눈물짓는 빅토리아 여왕을 보면서

도무지 환상이 없는
동화처럼 아팠다

나는, 풀과 나무와 벌레 곁에 엎드려
이슬과 돌멩이처럼 평생을 살았는데

물속의 물방울 같은
이 삶을 꿈꾸다니

햇빛 속에 반짝이는 거미들을 보며
누구에게는 제집 마당 오가는 일이

또 한 벌 운명이라고
벗어날 수 없다고

꽃에게도 배우고 나무에도 배웠다

그래도 나는 밤마다 신데렐라가 되어

여기가 아닌 저기의 찬란이
날마다 부러웠다

# 농부

뱀처럼 낡은 생을 갈아입지도 못하고

새처럼 뼛속에 입김을 넣을 수도 없는,

밭이랑 뙤약볕 속에 코를 박은 사람들

# 봄날

하늘 아래
첫 꽃 같은

살구나무 한 그루

우울감을 진단하는
리트머스 시험지다

묵음의
방편을 들고

마을 마을을 돈다

## 토정에 대하여

간단히 요약하면 희망이란 한 마디를
천 냥의 빚을 갚듯 어디나 깍듯했다

좋은 비 때를 만나고
귀인은 지척이니

덕이야 근본이고 재물이야 말이지만
본과 말 깍듯하게 허리 굽혀 손잡아야

저 만물 처음 도리가
궁해지지 않는다고

북풍 속을 치받는 목련나무 꽃눈처럼
바람비 눈서리에 마디마디 새긴 이력

소금꽃 하얗게 피어
관이 더욱 빛났다

# 제4부

# 모란이 왔다

그이는 곡비였다 늘 환생을 소원했다
시나브로 발이 젖는 해사한 그믐으로
잔잔히 면벽을 두른
노랑무늬영원*, 처럼

찢어버릴 시간과 꿰매야 할 시간들을
아득한 전생부터 알고 있는 바람처럼
한 촉의 심장을 지핀
델포이의 무녀였다

척애를 새기듯이 획을 치는 빗자루별
허공이 제 몸 그어 밝혀 든 생이어서
다복솔 어둠이 외려
생생한 부표였다

---

*불도롱뇽이라 불리기도 하는, 유럽에서 유명한 도롱뇽목의 종이다.

# 스노우 파파

지팡이 하나와 모자 한 잎을 들고

흰 그림자 같은 사람이
사막을 건너왔다

먼 숲에 불리어가는 눈발의 음성 뒤로

사라지고 사라지는 물레가 돌아가고

겹겹이 흔들리는
모래 위의 물결 같은

묵음의 선경仙境 한 폭 나래 펴듯 떠올랐다

낱낱의 기약 없는 아득한 시공을 딛고

손에 쥔 슬픔 같은
불안을 다독이며

이 세상 중심이라는 그, 옴파로스가 되어

잃어버린 고대의 유물 같은 꿈을 지고

자기 생의 과녁 앞에
마주 선 사람처럼

골똘한 스노우 파파 또 다음 생을 묵상한다

## 불안의 아홉 꼬리

빗방울 위에 빗방울
명멸하는 수면처럼

생각 위에 또 한 생각 번지는 그 언저리

바다 속
저인국처럼
꿈이 젖는 나라 있다

풍경에 풍경을 더한 마음의 처마 끝에

세월이 날 데리고
술래놀이 하는 동안

눈이 먼 짐승이 홀로 부채춤을 추고 있다

# 극락을 지나왔다

아는 것이 힘이라며
애면글면 하던 엄마

수삼 년 침대에 누워 그거 다 뻥이란다

아는 것 개뿔도 아니여
하는 것이 힘인 거여

풀 한 포기 꽃 한 송이
내 손으로 거두고

개미처럼 굼벵이처럼 지 생각 지 몸으로

어디든 밀고 가보는
그것이 극락인 기라

## 원추리 여인숙

책만 읽던 아버지가 사업을 시작했다

가파른 페이지의 여백 같은 쉼표 위에

황토로 땅을 고르고
등을 높이 걸었다

환과고독 뼈가 시린 행간의 저녁마다

꽃빛을 사이에 둔 나날들은 구르고

한시름 발을 거두며
문을 활짝 여는 아침

다랑논 조각조각 이마를 댄 골짜기로

풀머리 하늘밥도둑 파슬파슬 길을 내듯

친소도 은원도 묽은

혼불로 활을 당겨

책을 덮은 아버지는 새 사업을 시작했다

천지간 어스름처럼 얼비치는 세월 속에

쟁개비 유곽을 열고
붉은 등을 걸었다

# 우리들의 노파

시든 나무 같은 우리들의 새엄마는

안녕, 안녕한가요 똑똑똑 유리문 너머

토끼와 별주부처럼
서로 다른 말을 한다

어려서 딴 나라의 말을 배운 입양아처럼
시간 밖 거울 속엔 눈이 이어 내리고

유리문 너머 그녀 점점 더 낯설어지고

한때는 귀엽고 작은 소녀였던 엄마를

누가 데려갔을까
누가 바꾸었을까

엄마를 꿔간 노파는 동생과 나를 모른다

# 어떤 오독

메뉴가 하나밖에 없는 심야식당처럼

온종일 바람 불고 비가 이어 내렸다

물속의 물방울같이 흐릿한 시간들만

아이를 등에 업은 엄마처럼 오고 가고

무언가를 잃어버린 무표정한 얼굴로

이따금 낡은 지느러미의 물무늬를 읽는 밤

책 속의 낱말들은 더듬이 잃은 개미처럼

도돌이표 필사하듯 우왕좌왕 하는 동안

무시로 일사불란하다, 어딘가로 직진한다

# 별무늬로 질금 내기

물 먹은 보리 씨앗
숨을 참은 작은 우주

희고 여린 발바닥에 열꽃 피듯 심지 돋아

하늘 끝 별빛을 당기는
고요한 힘이 된다

숨 고른 한 획 한 획
어둠을 밀어내며

새 집 한 채 세우듯 마을 하나를 세우듯

그 며칠, 사이에 두고
나도 몸이 달았다

아슴아슴 별이 도는
북두의 비탈길을

지름불 엇모리장단 일렁이는 산실産室처럼

물물이 파랑이 돋는
한 척, 은하가 왔다

## 아름다운 장례식

만장이 휘날리듯 나무들은 출렁대고

한낮의 개미 떼가 엄숙하고 정연하게

잠이 든 토룡의 몸을 운구하듯 받들었다

나지막한 이력들로 켜켜이 쌓은 제단

깡마른 등신불이 천 년 전 미라 같다

촘촘한 햇살의 명주로 지어 입힌 수의 한 벌

노래도 곡도 없어 묵음 더욱 곡진한데

상주는 보이지 않고 상여꾼만 무성한

토지신 의로운 생애는 군더더기 하나 없다

# 꽃다지 성당

세상에 이리 작은 성당이 있을 수 있나

이리 작은 기도처를 누가? 여기 세웠을까

곰곰이 생각해 봐도 믿기지 않는 성소인데

이 세상 각양각색 꽃이 핀다는 것은

슬픔도 꼭 그만큼 우리 생에 스민 까닭

가만히 두 손 모으고 그 앞에 무릎을 꿇다

# 모리꾼 이야기

옛날 옛적 책 속의 어느 마을에는

새를 키워 파는 가게가 있었어요

간간이 휘파람 부는
나무들과 함께였죠

셈을 치른 새들이
어김없이 돌아오는

고요하고 황홀한 저녁의 이마 위에
줄 타는 어름산이처럼 달빛은 출렁이고

완벽하고 아름다운
연습과 반복으로

적막은 나뭇잎처럼 흩어졌다 모이고

재주를 뛰는 곰인 양

새들이 날아올랐죠

아침 해 저녁달 주춤주춤 나르다가

문득 뒤를 돌아봐요
무슨 새일까, 나는

핏속에 손을 담그고 젓는 이는 누구일까요

# 숨겨주다

아마존
야노마미족

죽은 사람 화장한 뒤

그 재를
죽에 섞어

나누어 먹는단다

포수에
쫓기는 사슴

숨겨주는 나무꾼처럼

# 지하도시를 지나며

떠도는 소문을 업고 전생을 찾아갔다

동그란 햇살 조각 신전처럼 떠 있는

머나먼 이야기 속을 빙글빙글 돌았다

두 눈을 가린 채로 연자에 묶여 끌던

모래언덕 숨이 차는 이고 진 몇 생인지

어둠 속 얼굴을 문득 가만히 만져보며

미로가 미로를 낳아 순환하는 계절들이

오류와 허명으로 오고 가는 그 사이를

한 생각 더듬이 삼아 주춤주춤 건너왔다

## 시작詩作

아지랑이 멀미하듯 구토를 하곤 했다
한순간 벼락 맞은 듯 산산조각 나곤 하는
그 한 잎 생각의 마디가 그믐처럼 구를 때

파도와 다른 파도가 서로 만난 것처럼
길과 길이 얽혀버린 빗속의 교차로처럼
펄펄펄 끓는 강물에 발 담근 나무가 되어

속이 텅텅 울리는 양철 인형 꿈을 꾸며
나는 누구일까 여기는 또 어디일까
팽팽한 줄을 타듯이 바람과 난 한편이네

# 제5부

# 확률적으로 나는

나비가 나빌 확률 누가 봐도 백 프로니

꽃 또한 꽃일 확률 눈 감아도 자명하다

만물이 다 그일 확률은 진언처럼 단단한데

나는 지금 내게 몇 프로의 확률일까

시나브로 완연한 시간 속 잎새들을

모았다 흩었다 하는 나는 정말 누구일까

## 오이디푸스처럼

땅에도 하늘에도 읍소할 곳이 없고

신격이든 인격이든 그 무슨 잣대로도

테바이 그 남자처럼 가늠이 불가능했다

해와 달을 수놓은 페넬로페 베틀처럼

기어이 붉어오는 씨실과 날실 엮어

갈수록 소스라치는 몽유 속을 헤맸다

아무도 내 앞에선 죄를 묻지 않았지만

금단의 사과를 훔친 그이를 대신하여

스스로 신격을 내린 신이 바로 나였다

# 호두나무

이름은 빌려와도 괜찮다고 하니까
나 만약 잠시 호두나무가 된다면
어둠 속 뿌리를 뻗어
당신에게 가리라

나무가 된 내가 먼저 큰 허공을 펼쳐 들고
한바탕 풍경을 쳐 초록들을 깨워야지
이슬의 두레박 내려
꽃송이를 길어오고

나무와 당신 사이 해와 달은 떴다 지고
투명한 물의 아이 새벽마다 태어나고
무어든 내가 다 줄게
빛을 낳는 나무처럼

# 버드나무 스투파
—도산서원

물의 뼈 읽어볼까
곡진한 기도처럼

번지는 포물선의 눈이 부신 쪽마다
우주의 연대를 새긴 밀서와도 같은 책

영혼의 그림 같은
무지개 펼쳐놓고

항아리 속에 질문을 쌓는 변방의 유생처럼
도저한 흘림체 밖의 자서전을 읽는다

아직 오지 않은 것들의
타오르는 무늬처럼

바람의 페이지마다 묵화가 일렁이는
머나먼 피라미드에 해와 달을 새긴 사람

가파른 연년세세

묵묵히 필사하며

마고이며 유화였고 때때로 웅녀이던
세상과 세상 사이의 상서로운 노파였다

# 금동신발

파랗게 촉을 틔운 시간의 대지 위에
낱낱이 꽃을 새기는 안개의 정령처럼
누대의 주문을 품은
한 켤레의 묵음이다

천 년 사직을 품고 서성이던 새벽이
물안개 핀 산허리 저만치 돌고 돌아
벼리어 나는 화살촉
어딘가로 가고 있다

인연은 돌고 돌아 뼈에 새긴 달무린데
은성한 옛 기억들 반짝반짝 별로 뜨는
한 켤레 영원을 딛고
눈부셔라, 서라벌은

# 모란

흩어진 무구巫具처럼
희고 붉고 노란 달

모래알과 빗방울
그 적막한 그늘 사이

머나먼 고요를 딛고
서성이는 이가 있다

# 부메랑 효과

초원에 발을 묻은 이슬받이 허물이다
한때는 날개였다고 소마소마 아뢰는
에덴의 파충류처럼 알록달록한 숲이다

우물우물 되새기는 소들의 다큐 너머
엊저녁 불빛 아래의 식탁이 얼비쳤다
제 꼬리 물고 도는 뱀이다, 이 세계의 낮과 밤은

생생세세 유기적인 혼돈의 붉은 사막
먼지도 돌멩이도 숨을 나눈 혈족임을
온종일 되새겨보며 허기지는 하루였다

---

*가나의 초원에 쌓인 폐의류 더미들, 그 사이를 서성이는 소 떼를 보다.

# 더 리더

삶을 추동하는 아니 목숨을 지지하는
근원적인 어떤 힘은 오류와 닮았었다
아프다, 순정한 정의와 해묵은 신념들은

인간에겐 누구나 깨고 싶지 않은 벽
뜨거운 자기애가 심장 깊이 박혀 있어
평생을 함께하면서 죽음과도 맞선다는

오래전 읽은 책을 나는 다시 꺼내고
사랑도 미움도 흘러가는 시간 속에
무심한 낚시꾼처럼 무언가를 기다렸다

건드리면 주루룩 눈물이 쏟아지는
생사도 부질없는 그런 무풍지대가
빛나는 그 무엇처럼 내게 또한 있었다

## 저녁에 발을 씻다

물방울 할머니들 앞치마를 두르고
지상의 아가들을 온종일 쫓아다니며
단단한 뼈 한 벌씩을
몸속에다 심으셨지

공전과 자전으로 나이테가 돌아가는
씨실 날실 촘촘한 생각의 졸가리들은
바람비 모서리마다
휘어지고 바랬지만

막막한 옹이와 같은 묵음에 기댄 채로
아직도 나는 한 그루 나무였던 것일까
봉인된 유서를 읽듯
복숭아뼈를 살피다

# 걸인

육교 밑 그와 나는 눈이 딱 마주쳤다
외나무다리 위의 참 어설픈 상봉처럼
숨겨둔 무엇인가를 들킨 것만 같았다

긴 창을 휘두르며 달빛을 펴 나르던
까마득 지난 일도 다 알고 있다는 듯
묵묵히 건너온 시선에 무릎 휘청 꺾었다

줄 위의 광대처럼 허공을 파고들던
너라는 도깨비 한 벌 여기서 만났다고
햇무리 지는 길 위에 손이 잠시 떠 있었다

# 바이, 갠지스

안개를 가사처럼 묵묵히 둘러쓰고
세계를 접었다 편 지상의 날개 한 벌
무언가 우물거리며 그림자를 세고 있다

저문 강 철벅거리며 누군가 북을 치고
만년설 등에 업은 어머니 무릎 아래
우주는 설산을 녹여 태초를 기약했다

순환과 소멸을 끄는 시간의 수레바퀴
나였다가 너였다가 또다시 사라지는
항하사 잠시 떠도는 저 낱낱의 불티들

## 옛날엔 돈을 형이라 했다

언니나 오빠 같은 따뜻한 살붙이를
처음엔 무람없이 형이라 부르다가
슬며시 피를 껴입은
형을 새로 만난 거지

세상 못할 게 없고 때로 알아서 기는
농사도 싸움도 척척 하는 마름처럼
때때로 눈귀가 먹은 듯
부질없는 맹세로

늦가을 방가지똥처럼 조울증을 앓는 형
울다 웃다 널을 뛰는 아침과 저녁마다
신이 된 형의 이름이
홀씨 되어 날린다

## 너는 원래 새였단다

꿈속을 날아보렴
반짝이는 세계의

말랑한 어둑발 미끄러진 순간에
소년은 고작 열네 살, 작고 작은 아가였다

맹물을 마실 때도
근원을 생각하며

자기 삶의 출처를 밤마다 필사하는
먼 나라 네 별자리처럼 그렇게 부신 너는

고 작디작은 심장으로
연둣빛 팔을 뻗어

꽃송이 하나씩을 신화처럼 건넨 그날
노을은 천둥보다도 더 높이 타오르고

마음껏 날아보렴

너는 원래 새였단다

마침내 다다른 별나라의 푸른 창공
아가야, 처음부터 네겐 날개가 빛났단다

---

*지난 13일 달성군 다사읍 저수지에서 얼음을 지치던 아이 여섯 명이 물속에 빠지고 가까스로 빠져나온 아이가 친구 네 명을 구하고 남은 한 명을 구하려다 익사했다는 기사를 보았다.

## 흰죽

사람의 찬 손마저 잡아준다고 하는
정화수 대신 흰죽을 신단에 올린 새벽
적막은 무릎을 꿇고 중심을 비웁니다

눈도 코도 뭉개져 주저앉은 시간들이
쌀과 물의 곡진함에 몸을 푼 뼈가 되어
캄캄한 마음바닥을 밀어올린 어머니

슬픔을 믿는 힘은 다 그로부터 왔을까
안개 속 분화구에 뜨겁게 핀 꽃잎들
넝쿨째 만발한 힘을 햇무리로 펼칩니다

해설

# 물방울 인생론

김효숙(문학평론가)

『누가 나를 놓쳤을까』는 인간 존재론을 물방울 이미지로 묘파하는 시조집이다. 권규미 시인은 자유시로 먼저 등단하고 이후 신춘문예 격인 중앙신춘시조상을 수상하며 시조에 발을 들였다. 첫 시조집인 여기서 시인은 움직일 수 없는 삶의 조건인 슬픔을 물방울에 투영하는 감각으로 이야기를 한다. 이는 삶의 본질은 슬픔이라는 인식에서 비롯하며, 현상적으로 보아내는 데 그치지 않고 존재의 심연에서 그것을 발견하고자 하는 마음을 반영한다. 삶의 고통을 말하기에 앞서 슬픔의 연원을 더듬어 가는 권규미의 시조를 읽노라면 눈물방울들이 동그랗게 맺힌 화폭을 보는 듯한 감각에 사로잡힌다. 그 이미지가 황무지 같은 세계에서 한 줄기의 생명력으로 솟아나면서 정제된 슬픔을 우리에게 안겨준다. 이 시집의 언어가 눅진하지 않고 맑게 와닿는 이유다.

권규미 시인은 삶의 슬픔과 고통, 삶이 무상하다는 허무감에 직면했을 때도 여전히 살아가야 할 이유를 생각한다. 슬픔으로 가득 차 있다 할지라도 단 일회적 삶을 정당화하는 방법들에 대한 고민이 더욱 깊어진다. 이는 주어진 삶을 겸허히 받아들이는 시인의 자세를 반영하는 것이자, 이 지상에서의 삶을 고통 속에서도 긍정하는 자의 면모이기도 하다. 어디까지나 삶의 과정에 놓인 인간, 완성체가 아닌 결함이 필연인 존재자이지만 현실을 외면하지 않는 긍정의 자세를 읽을 수 있다. 시인은 상이한 요소들을 결합하여 세계의 본질로 잠입해 들어가는데, 예컨대 삶과 죽음 사이에 놓인 시간, 문명과 야만 사이에 흔적으로 남아 있는 역사적 사건들, 침묵과 말하기 사이에서의 읽기와 쓰기, 현실과 몽상 사이의 어떤 역동성, 자연으로서 인간과 시인 사이의 정체성 등이 그것이다.

이 시집에서 대표 이미지는 물이다. 이 물질은 불시에 소멸하기 쉬운 형태, 속이 꽉 찼으면서도 내면까지 다 보이는 투명성, 금세 흘러내릴 듯한 불안전성의 표상이다. 시인은 이 물질과 관계를 맺는 상상력으로 인간의 보이지 않는 내면을 탐사한다. 바슐라르도 말했듯이 인간은 몽상적 기질 때문에 본질적으로 어떤 이미지의 지배를 받는다. 몽상가이기도 한 시인은 관념과 물질을 시언어에 주물러 넣어 이미지를 밀어 올린다. 이렇게 시인은 보이지 않는 인간의 심리를 물방울 이미지와 결합한 상상력으로 내면의 진실을 견인한다. "가파른 벼랑뿐인 사람과 사람 사이에"(「우울의 삽화」)서 물방울 같은 생애를 견디며 아이러니하게도 슬픔의 힘으로 살아가게 되는 시적 화자의 모습은 정녕 우리의 모습이기도 하다.

## 1. 존재론적 질문

인간은 누구나 갖가지 이유로 자기 정체성을 질문하면서 살아간다. 어느 날 이 세계에 우연히 던져졌다고 보는 실존주의자도, 신에 의지하여 자기 존재의 절대성을 믿는 자도 기원과 정체성 문제에서 예외인 자는 없어 보인다. 특히 실존주의자에게 인간은 조건 결정론보다는 과정의 존재인 점을 승인하는 차원에서의 사유 대상이다. 이 시집에 담긴 시인의 사유가 바로 그러하며 이것이 자기 정체성에 대한 질문에서부터 시작된다.

나비가 나빌 확률 누가 봐도 백 프로니

꽃 또한 꽃일 확률 눈 감아도 자명하다

만물이 다 그일 확률은 진언처럼 단단한데

나는 지금 내게 몇 프로의 확률일까

시나브로 완연한 시간 속 잎새들을

모았다 흩었다 하는 나는 정말 누구일까

—「확률적으로 나는」 전문

이 시에는 가변체인 인간에 대한 성찰이 깔려 있다. 자연은 늘 완벽해 보이지만 화자는 자신이 온전히 자신일 수 없다고 말한다. 자연에 비추어 자신이 누구인지 생각해 보는 현실에서 인간 밖의 자연은 모두 그 지위가 공평해 보인다. 나비와 꽃 같은 온갖 "만물이 다 그일 확률은 진언처럼 단단"하다면서 자신의 정체성을 회의하기에 이른다. 그리고 이러한 의심이 자신의 본질에 관한 것이라는 점에서 이 시는 존재론적 질문을 품고 있다. 자신이 온전히 자신일 수 있는 경우를 "확률"에 기댈 만큼 가변적인 인간인 것이다. 자연에 주어진 것이 단단한 존재감과 완연한 시간성이라면, 인간 존재에게 주어진 것은 가변적인 존재감과 불완전한 시간성이라는 인식 위에서 자기 정체성에 대한 고민을 이어간다.

이 점에서 이 시의 전반부는 생각할 줄 아는 인간을 자연과 대비하는 것으로 읽힌다. 후반부로 갈수록 시적 진실은 한층 심도를 더한다. 자연을 그 자체로 보지 않고 "모았다 흩었다"

하면서 통합과 해체를 반복하는데 이것은 시간 차로 움직이는 자신의 마음을 고백하는 차원이다. 자연의 온전함에 자신을 비추어 보면서 수시로 변하는 의식을 성찰하고 있는 것이다. 이 점은 인간의 그러함과 시인으로서의 자질을 동시에 발언한다는 의미가 있다. 우리는 자신이 누구일 수 있느냐는 가능성을 확률로 가늠할 수 있을 뿐이고, 누구나 시간에 예속된 존재로서 찰나적 변화 속에 놓여 있다.

## 2. 슬픔의 힘과 정화 능력

이 시집의 물기 어린 기표들은 플라스틱 위에 그려진 그림을 보는 것과는 확연히 다른 정감을 자아낸다. 이토록 흔연한 물기 속에서도 시인은 삶을 비극으로 몰아가지 않고 슬픔이 지닌 힘과 정화 능력을 이야기한다. 이 시집에서 빈번한 어휘는 수분을 함유한 눈물·물방울·물·우울·슬픔·소금인형 같은 것들이다. 슬픔이 일상인 삶이지만 이런 점이 새로운 가능성으로 전환하는 이치를 시인은 "슬픔이 새벽처럼/홰를 치는 나날들"(「마두금」)이라고 쓴다. 슬픔이 역설적이게도 고단한 나날을 버틸 힘이 되어 준다는 것이다. "슬픔을 믿는 힘"(「흰죽」)으로 "눈물로 깎아 만든/투명한 목각인형"(「우리들의 피노키오」)을 품에 지니게 되었다는 고백은 그가 투명한 물방울 하나를 마음에 품은 시인이기도 하다는 미적 표현이다. 심지어 발을 씻을 때 양쪽 발목의 동그란 복숭아뼈를 만지면서 떠올리는 대상조차 "물방울 할머니들"(「저녁에 발을 씻다」)이다. 창조신화에 등장하는 창신(創神)과 닮은 모성이 자신의 발목에 단단한 복숭아뼈를 심어 주었다는 동화적 발상으로 물방울 같은 생명의 기원과 그 역동성, 그리고 활동성을 이야기한다.

표제 시 「누가 나를 놓쳤을까」에서 보는 것처럼 화자의 슬픔은 일반 범주를 넘어선다. 타자가 자신을 놓쳤을지도 모른다는 감각도 마찬가지다. 일반적으로 타자를 버렸거나, 자신이 버림받았다는 감각이 우세할 수는 있어도, 타자가 자신을 놓쳐 버렸다는 말은 이기적으로 들리기 쉽다. 타자의 마음을 알 수 없고 재단할 수도 없으므로 그렇다. 그래서 화자는 슬픔의 이유를 타자에게 전가하지 않는다. "부판이란 새의 종족"에 자신을 빗대어 천형 같은 슬픔을 등에 지고 다닌다면서 이렇게 된 사정에 "바람비 들이치는" 현실이 있다고 말한다. 외풍이 그칠 날이 없는 그에게 슬픔과 쓸쓸함은 결코 얄팍한 감정일 수가 없다. 풍속과 방향에 따라 이동과 멈춤, 그리고 쉴 곳이 결정되는 삶에서 누군가 자신을 놓쳐 버린 것이 아닐까, 라고 추정할 수 있을 뿐이다. 그래서 외풍이 몰아치는 예측 불허의 삶 속에서는 "자기 생을 연민"하는 자기 위로가 긴요해진다.

슬픔이 찬란한 이유를 묘파한 시 「찬란」에서 시인은 환상과 동화를 용인하는 상상력을 펼친다. 시골 촌부와 빅토리아 여왕을 나란히 놓고 인간 개체에 주어진, 벗어날 수 없는 존재 조건을 들면서 눈물의 의미를 심도 있게 다룬다. 촌부로 살고 싶었다며 눈물짓는 여왕과, 촌부로 살면서 눈물짓는 자의 사정은 비교 대상이 될 수 없는데도 시인은 처지가 다른 두 인물을 들면서 삶을 견디게 하는 공통 항을 환상의 힘이라 말한다. 비현실적이면서 비사실적인 환상이 망상에 그치지 않는 것은, 인간은 누구나 자신이 의미를 둔 것에 열정과 시간을 투여하면서 꿈을 꾸기 때문이다. 그래서 반드시 삶의 목적과 일치하지 않는 허황한 환상일지라도 다시 살아갈 힘을 안겨 준다는 사실. 여왕에서부터 촌부에 이르기까지, 그리고 시를 쓰므로 시인일 수 있는 이에게도 환상과 동화적 발상은 삶이 있는 한 지속되는 존재론적 사건이다.

> 시골 촌부로 가만히 살고 싶었다고
> 눈물짓는 빅토리아 여왕을 보면서
>
> 도무지 환상이 없는
> 동화처럼 아팠다
>
> 나는, 풀과 나무와 벌레 곁에 엎드려
> 이슬과 돌멩이처럼 평생을 살았는데
>
> 물속의 물방울 같은

이 삶을 꿈꾸다니

햇빛 속에 반짝이는 거미들을 보며
누구에게는 제집 마당 오가는 일이

또 한 벌 운명이라고
벗어날 수 없다고

꽃에게도 배우고 나무에도 배웠다
그래도 나는 밤마다 신데렐라가 되어

여기가 아닌 저기의 찬란이
날마다 부러웠다

—「찬란」 전문

여왕에게 시골은 원거리에 위치한 환상적 처소이며, 촌부에게 시골은 가파른 삶의 현장이다. 여왕에게는 자신을 포박하는 현실을 떠나 조용한 풍경 속으로 숨어들고 싶은 낭만의 장소가 시골이라면, 촌부 당사자에게는 이곳이 고통과 슬픔의 근원지다. 다른 곳으로 떠날 수 없다는 조건은 여왕이나 촌부나 별반 다르지 않다. 다른 것이 있다면, 상대가 원하는 조건을 지녔으면서도 상호 교환이 불가능한 조건에 매여 있다는 점이다. 환상과 동화가 있는 삶과 그것이 없는 삶을 대비하는 이 시를 읽으면서 우리는 고단하기만 한 현실을 구원하는 것이 무엇인지를 생각하게 된다. 동화나 환상을 미숙하고 하찮다고 재단하는 것은 삶이 고단하고 슬픈 자의 도피처를 앗아가는 것과 다름없고, 상대방에 대한 공감 능력은 역지사지의 사고로 가능해진다.

삶이란 누구에게나 물속의 물방울처럼 겹겹 슬픔에 싸인 채 눈물에 젖어 사는 것임을 「찬란」은 시사한다. 시인의 언명처럼 이 세계에는 "물속의 물방울 같은/이 삶을 꿈꾸"는 여왕도 있고, 거미와 꽃과 나무에게 운명을 배우는, 자연에 가까운 촌부도 있다. 하지만 누구에게나 예외 없이 슬픔이 삶의 조건인 점을 이 시는 전한다. 시인은 개인의 삶을 "물방울 하나의 생과 다를 게 전혀 없"다고 보고 "하회"(「하회에 들다」)를 돌아나가는 도도한 물굽이에서 지극히 미소한 부분인 인간사를 읽는다. 슬픔이 편만한 삶을 두고 "자꾸 눈물이 모자란다"고 하는 이유도 그 연장선에서 이해할 수 있다. 눈물이 모자란다는 의식이 눈물을 불러오고, 그 물기는 "소금 푼 물방울"(「모래사람처럼」)처럼 짭짤한 속성을 지녔다. 나무의 나이테를 보면서 "사람의 눈물이 돌아나간 통로"(「연륜」)라고 직관하거나, 우울증이 깊어지는 이유 중 하나를 주어는 모르면서 "동사만을 겨우 아는"(「모른단다」) 신에게서 찾기도 한다. 신이 주어를 모른다는 의미는, 신이 어떤 대상을 구체적으로 지목하여 사랑을 베푸는 능력의 부재로 이해할 수 있다. 무능해진 신에 더 이상

기대지 않고 주어를 능동적으로 찾는 것이 실존재의 삶이라고 말하고 싶은 것이다.

## 3. 시인으로 살아가는 일

현실보다 막막한 꿈을 앞세우는 이를 우리는 몽상가라 부른다. 현실을 물질로, 꿈을 관념으로 단순화할 때 이 같은 단정을 하게 된다. 그러나 시인을 몽상가라 부를 때는 우리의 생각부터 먼저 수정해야 한다. 앞서도 보았듯이 시언어는 물질 이미지와 관념을 버무려 시인의 고유한 정신에서 끌어낸 언어, 즉 파롤이다. 시인으로 살아가는 이는 이 언어와 떼려야 뗄 수 없는 관련을 맺는다.

"쓴다는 것, 그것은 말하기를 멈추지 못하는 것의 메아리가 되는 것이다."(모리스 블랑쇼, 『문학의 공간』). 이 문장은 시인의 말하기와 쓰기를 메아리 효과에 빗댄다. 시인의 말이 시 쓰기로 이어지면서 에코처럼 울려 나온다는 의미다. 즉 발화자인 시인의 목소리를 담은 것이 시 쓰기이며 시의 소속은 시인이라는 얘기다. 따라서 시 쓰는 시간의 침묵을 온전한 침묵이라 말하지는 못하며, 시인의 말이 메아리가 되는 과정에 놓인 것이 시 쓰기라고 풀이해 볼 수 있다. 권규미 시인은 쓰는 자로서의 정체성뿐만 아니라 읽는 자, 그리고 몽상가로서 물의 시학을 여러 편의 시에 녹여낸다. 가상에 그칠 법한 환상·꿈·

몽상·몽유 등을 물질화하여 오감으로 느낄 수 있는 물 이미지를 현상한다.

때 거르면 죽는다고
때죽꽃이 피었다는

누군가의 시를 읽고, 참 시인들이란
어디든 찰떡 콩떡을 갖다 붙이기도 잘하지

나비의 날개 위에
코끼리를 붙여두는

대책없는 아나키스트, 그 황홀한 무르팍에
희디흰 밥그릇 들고 다가앉는 울음으로

어느 봄 때죽나무 아래
앉아보고 알았네

이러니 저러니 해도 때는 잊지 말란 말이
허공을 총총히 딛고 꽃차례로 온다는 걸

—「때죽나무 아래」 전문

권규미 시인의 시가 대체로 그렇듯이 이 작품도 거듭 읽을수록 묘미가 우러난다. 그에 따르면, 이 세계가 자신의 오감에 안겨드는 그때를 “잊지 말란 말이/허공을 총총히 딛고 꽃차례로 온다는 걸” 아는 자가 시인이다. “어디든 찰떡 콩떡을 갖다 붙이기도 잘하”는 시인의 자질을 보건대 그는 무게의 경중이나 미추의 구분에 매이지 않는 세계관을 지녔다. 심지어 “대책 없는 아나키스트”이기도 한 시인을 강압하는 것이 이 세계에는 더 이상 없어 보인다. 시인은 모든 통제와 강압에 틈을 내며, 혼자만의 단독정부를 건립하리라는 야심으로 부단히 언어의 해방을 실험한다. 그러면서도 “때”를 잊지 않아야 한다는 것, 이후의 언어가 “꽃차례”처럼 도래할 것이므로 그때를 놓치지 말고 그 순간에 발생하는 세계의 변화를 받아써야 한다는 것, 그래서 “허공” 같은 백지를 결코 무상하게 여기지 않는다는 사실을 부단히 자신의 마음에 새기는 자가 시인이다.

아지랑이 멀미하듯 구토를 하곤 했다
한순간 벼락 맞은 듯 산산조각 나곤 하는
그 한 잎 생각의 마디가 그믐처럼 구를 때

파도와 다른 파도가 서로 만난 것처럼
길과 길이 얽혀버린 빗속의 교차로처럼
펄펄펄 끓는 강물에 발 담근 나무가 되어

속이 텅텅 울리는 양철 인형 꿈을 꾸며
나는 누구일까 여기는 또 어디일까
팽팽한 줄을 타듯이 바람과 난 한편이네

—「시작詩作」 전문

오래전 읽은 책을 나는 다시 꺼내고
사랑도 미움도 흘러가는 시간 속에
무심한 낚시꾼처럼 무언가를 기다렸다

건드리면 주루룩 눈물이 쏟아지는
생사도 부질없는 그런 무풍지대가
빛나는 그 무엇처럼 내게 또한 있었다

—「더 리더」 부분

「시작詩作」은 시를 쓰면서도 자신의 정체성과 상황을 계속하여 질문한다. 한낱 "한 잎 생각의 마디"일 뿐인 것, 더구나 그것이 "그믐처럼" 캄캄한 세계 속에서의 부스러기 같은 사유가 아닐까, 라는 의심 속에서 시는 태어난다. 시언어가 세상으로 나올 때의 어지러움 속에는 그가 투여한 모든 열정이 녹아들지만 정작 그것이 "속이 텅텅 울리는 양철 인형"의 소리는 아닌지를 의심하는 주체가 시인이다. 언어의 사제로서 시인은 이렇듯 한순간도 긴장을 늦추지 않는다. 바람이 거셀수록 낭창낭창 줄을 타듯이 유연하게 언어를 관리하는 자가 시인이라는 점을 "바람과 난 한편"이라는 표현으로 언명하고 있다.

「더 리더」는 움직일 수 없는 신념과 정의 때문에 고통스러웠던 경험을 이야기한다. 여기서 '더 리더'는 the leader(지도자)보다 the reader(독자)로 읽는 편이 더 타당해 보인다. 그럴 때 이 시는 시인이기 이전에 독자로서의 자의식을 표명하는 것으로 읽힌다. 우리가 근원적이라고 믿어 온 것이 도리어 오류일 수 있다고 말하면서도 그때 형성된 "자기애"가 삶을 지탱하는 힘이었음을 시인한다. 하지만 시인은 이제 신념과 정의로 굳어진 자기애로 하여 목숨을 지탱해 온 그간의 사정을 물리고, 텅 빈 마음으로 이 세계를 대면하고자 한다. "건드리면 주루룩 눈물이 쏟아지는" 물방울처럼 생사 문제에서조차 투명한 감각과 감수성을 지니고 싶어 한다. 책을 읽으면서 형성된 신념이 움직일 수 없는 것이었다면, 물방울 현상은 인공의 힘이 가미되지 않은 본연의 감수성이 투명하게 반짝이고, 흘러가고, 사라지는 모습을 현상한다.

권규미의 이 시집은 시조 형식의 규범 안에서 언어 미학을 최대치로 끌어올린다. 강요된 제한에도 불구하고 얼마큼의 시적 허용이 가능한지를 실험하면서 형식의 변주로 높은 미적 성취를 이루었다. 모호하게 읽히는 부분도 있으나, 이런 점을 반길수록 시조를 읽는 묘미를 누릴 수 있다. 이는 오래 씹을수록 제맛이 우러나는 음식처럼 깊은 시적 지층이 만들어낸 효과

다.

내용 면에서는 실제를 바탕으로 환상을 구성하는 기법에서 남다른 창의성을 발휘한다. 환상 요소를 가미하여 삶의 구경과 존재의 가능성을 넓히면서 인간에게 가해진 규범적 삶을 해방시킨다. 권규미의 언어는 정제된 마음에서 우러나온 투명한 눈물방울처럼 이미지가 선명하다. 작고 하찮은 것에서 우주를 발견하는 직관으로 미소한 것이 지닌 힘을 이야기하고, 문명에 길들어 버린 야생, 투명해야 할 인간의 성정을 일깨우면서 이런 점을 물방울 이미지로 묘파한다.

권규미 시인에게는 영화·그림·책만이 텍스트가 아니라 열린 이 세계 자체가 광대한 텍스트다. 누대를 거쳐 풍화가 진행되어 온 유물이 역사의 증빙물인 것처럼 시인의 정신도 유구히 살아 움직인다. 실제와 가상을 적절히 배합하고, 자칫 옛이야기로 그칠 법한 것에 현대인의 관점을 더하여 새로이 읽어내며, 복잡한 내면을 지닌 인간 탐사도 잊지 않는 시조 쓰기로 새로운 영역을 일구어낸다. 영감 있는 독자라면 권규미의 시조에서 의미의 지점을 풍성하게 발견하리라 믿는다.

가히 시인선 009

# 누가 나를 놓쳤을까

ⓒ 권규미

초판 1쇄 인쇄 2025년 3월 10일
초판 1쇄 발행 2025년 3월 17일
지은이 권규미
펴낸이 김석봉
디자인 헤이존
펴낸곳 문학의전당
출판등록 제448-251002012000043호
주소 충북 단양군 적성면 도곡파랑로 178
전화 043-421-1977
전자우편 sbpoem@naver.com

ISBN 979-11-5896-682-9 03810